I0845657

Comment séduire une femme sans passer pour un gros lourd

ZOLA NTONDO

COMMENT SÉDUIRE UNE FEMME

(SANS PASSER POUR UN GROS LOURD)

TOME 1

SOMMAIRE

À Denis Samba

La plus grave des erreurs en matière de séduction réside dans cette croyance fallacieuse, celle qui voudrait que quelques phrases toutes faites, susurrées à l'oreille d'une femme, aient le pouvoir de fléchir son âme. Certains, faisant l'éloge de la PNL, de l'hypnose et d'autres artifices de manipulation certifiés, que l'on retrouve tant chez les vendeurs que chez les politiciens, sont-ils véritablement à l'abri d'une crise de crédibilité sans précédent, en ces temps où vous feuilletez ces lignes ?

Pourtant, une pléthore de blogs s'obstine à prodiguer ces conseils nauséabonds, véhiculant une idéologie morbide selon laquelle les femmes ne seraient que de vains jouets, dont l'homme devrait disposer à sa guise, usant de paroles vides de sens. Selon cette sinistre doctrine, elles seraient dépourvues du discernement nécessaire pour façonner leurs propres désirs. N'est-ce pas là une vision des plus singulières ? Et pourtant, il est aisé de constater les ravages engendrés par cette idéologie. Ils sont nombreux, d'une ampleur considérable : une explosion du nombre de solitaires, du moins dans notre chère patrie, et une stigmatisation de la drague, où l'homme est désormais proclamé en chef des importuns. En fin de compte, un séducteur se voit dépouillé de son charme, tandis qu'un vendeur en porte-à-porte le surpasse en prestance.

Fondamentalement, ce dilemme ne réside pas tant dans l'acte de séduire en lui-même, mais plutôt dans cette idéologie susmentionnée, qui s'entremêle avec les comportements grossiers de ceux qui s'y adonnent. Dites-moi, seriez-vous disposé à laisser entrer chez vous ce commercial déterminé à vous vendre une troisième jambe ? Assurément pas. Pourquoi donc ? Car, dans le meilleur des cas, vous en possédez déjà deux. Du moins, je vous le souhaite ardemment. De la même manière, les femmes n'ont guère besoin que vous leur récitiez ces formules apprises par cœur en vous délectant de ce dernier article douteux, affublé du titre "69 phrases pour les faire succomber à tous les coups" (sic)...

Permettez-moi de m'excuser par avance si vous avez été victime de ce genre d'attrape-nigauds... Comme vous commencez à le réaliser, ces titres racoleurs sont conçus pour éveiller la curiosité des lecteurs crédules, mais, en réalité, ils se révèlent le plus souvent de vieux clichés ou de vulgaires arnaques. Quiconque prétend détenir des techniques toutes faites et infaillibles en matière de séduction vous induit en erreur, soyez-en assuré.

Avant d'explorer les subtilités de « Comment Séduire une Femme sans passer pour un Gros Lourd », il est primordial que vous compreniez que l'erreur majeure en matière de séduction réside dans l'illusion que l'on puisse s'immiscer dans la vie de quelqu'un sans respecter un protocole préalable. En tant que lecteur avide d'apprentissage, permettez-moi de souligner un point essentiel : la dernière chose dont une femme a besoin lorsqu'elle déambule dans les rues, lorsqu'elle se déplace du point A au point B, c'est d'être importunée par votre présence intrusive.

Qui plus est, tenter de spéculer sur des sujets que vous souhaiteriez lui imposer est une attitude des plus déplacées, n'est-ce pas ?

Vous êtes familier de cette sensation inégalée, celle des lèvres d'une femme que vous avez pris soin de séduire et de conquérir. Son cœur qui bat lorsque vous la tenez dans vos bras, ses chemins empruntant des trajectoires diamétralement opposées à celles du Seigneur. D'un côté, la nature vous incite à explorer ces émotions intenses, mais d'un autre côté, la pression du contexte social peut vous entraver au pire des moments, voire vous conduire à commettre des erreurs, transformant ainsi votre quête de l'âme sœur en un labyrinthe hostile. Cependant, cher lecteur, une alternative simple se présente à vous : préférez-vous séduire, conquérir et combler une femme, ou préférez-vous être confronté au son dissonant d'un rejet catégorique ?

Et pourquoi je vous énonce cela ?

Car l'étape la plus essentielle, la première pierre angulaire d'une potentielle relation future, réside dans l'Approche. Cette étape se doit d'être juste, mais surtout progressive. Permettez-moi d'insister et d'inscrire dans votre esprit l'importance capitale de cette étape, car vous ne disposerez que d'une seule opportunité de faire une bonne première impression, croyez-moi sur parole...

Les gens qui aiment lire sont beaucoup plus attirants !

Loïse Delacotte/Cosmopolitan

I

L'APPROCHE PSYCHOLOGIQUE

Sénèque

Le pied à l'étrier

Permettez-moi désormais de vous exposer avec simplicité comment séduire une femme sans passer pour un gros lourd, mais simplement en séduisant, sans nécessairement revêtir l'habit du mâle alpha. Je tiens à vous exprimer ma solidarité face à la situation que vous pourriez traverser aujourd'hui. J'ai moi-même connu à maintes reprises la douloureuse solitude amoureuse qui ronge... qui ronge et complique, voire rend ardue, la vie affective de

19

chacun d'entre nous. Il est possible qu'il y ait pire ailleurs, mais il est surtout indéniablement préférable, hélas. Les périodes prolongées de célibat prennent souvent l'allure d'une inquiétante fatalité.

Certains blâment le féminisme, tandis que d'autres pointent du doigt les femmes, les jugeant trop exigeantes, voire névrosées. Vous êtes un homme plutôt aimable, pourtant les femmes qui vous entourent ne sortent et ne partagent leur lit qu'avec des sots. Vous vous demandez si cela en vaut encore la peine de séduire, n'est-ce pas ? Vous pourriez penser qu'il n'est point nécessaire... Ces demoiselles vous attendent au tournant, prêtes à vous rejeter avec mépris. Et si la femme que vous convoitez vous méprise, elle finira inéluctablement par vous confiner à la triste "friendzone".

Pourtant, vous avez toujours conservé l'espoir. La preuve en est que vous êtes ici, aujourd'hui, en train de me lire. Et savez-vous quoi ? Si j'avais été à votre place, j'aurais réagi de la même façon que vous. Vous désirez connaître la raison ? Car il est scientifiquement prouvé que les hommes et les femmes sont biologiquement destinés à se rencontrer. Toutes les raisons existent pour qu'un individu honorable tel que vous trouve chaussure à son pied (veuillez me pardonner cette expression).

C'est pourquoi je m'engage à vous dévoiler la voie qui vous permettra de vous améliorer et de retrouver la chaleur du corps féminin. Ainsi, nous allons commencer par corriger conjointement ces petites perturbations sociales qui ont parasité votre parcours sentimental pendant une période bien trop longue.

Toutes des salopes ?

Dans les faits, il est aisément observable que trop de personnes abordent la question de la séduction avec légèreté. Les femmes, comment les séduire, chacun possède sa propre vérité à ce sujet. Chacun a son expérience personnelle avec l'une d'entre elles, et les ego, peu importe leur position sur l'échelle de la bienséance, exacerbent les comportements de chacun. En théorie, tout le monde sait tout. Tout le monde prétend savoir comment faire, mais dans les faits... personne n'agit réellement.

Car de la supposée fonctionnalité à l'application qui devrait valider ces prétentions, il faut encore avoir le courage de se lancer dans le monde réel, bien plus ardu que celui des idées pures. Ce dont l'un a fait l'expérience avec une femme ne sera pas nécessairement applicable à une autre. Vous avez tous déjà entendu parler de cette fameuse séductrice qui partage son lit avec tout le monde. Et vous avez sûrement constaté, comme tant d'autres, que vous n'avez pas eu le privilège de bénéficier de cette générosité charnelle. Ce n'est pas parce que l'amie de quelqu'un lui a accordé le privilège de quelques plaisirs qu'elle se plierait automatiquement à la même attitude envers n'importe qui. Sous prétexte qu'elle a perdu votre estime, celle qui était au centre de toutes vos attentions serait-elle soudainement réduite au rang de raie public ? Un trait de narcissisme qui n'est pas rare, consistant à ramener sa propre misère à un niveau si bas, afin de tenter de l'élever au rang d'une évidence éternelle. Pire encore, faire un dangereux amalgame entre l'individuel et le collectif.

Certains rétorqueront que toutes les relations humaines se basent sur le même principe, que tous les couples font l'amour de manière similaire, que même si les différentes positions adoptées lors de l'accouplement peuvent varier, être plus ou moins nombreuses, nécessiter différentes variations selon le consentement de chacun, il s'agit globalement (si l'on admet que l'objectif intrinsèque de cette activité est la reproduction pour la survie de l'espèce) d'introduire un pénis sous tension sanguine dans une vulve tout aussi sensible.

Je ne suis pas pourvu d'un esprit de contradiction suffisamment vif pour contester cela. Cependant, permettez-moi de vous répondre que tout n'est pas aussi évident qu'on le souhaiterait, sans quoi nous vivrions tous dans une perpétuelle orgie collective. Or, je pense pouvoir prendre le risque d'affirmer que ce n'est pas le cas. Faut-il le regretter ? C'est une autre question...

Les femmes, certaines d'entre elles, sont disposées à être séduites. Mais elles ne souhaitent pas être harcelées au gré des nombreuses perversions chroniques si chères à notre genre. Bien sûr, si toutes les femmes étaient fondamentalement des créatures lascives prêtes à coucher avec n'importe qui, pourquoi pas avec vous, ici et maintenant, sur demande ? Et bien la réponse est simple :

— Pourquoi pas avec vous ? Parce qu'elle ne vous connaît pas.
— Pourquoi pas avec vous, ici et maintenant ? Parce qu'elle avait peut-être prévu autre chose pour sa journée...
— Pourquoi pas avec vous, ici et maintenant, sur demande ? Car, à moins d'une preuve contraire, vos désirs ne sont pas des ordres... en d'autres termes : vous n'avez aucune autorité sur cette personne...

Lorsque vous avez intégré cela, vous êtes mentalement prêt à préparer votre approche psychologique. En effet, je pars du principe que si vous êtes au bon endroit et au bon moment, vous augmentez vos chances de concrétisation. Il existe des endroits pour chaque chose. De même, il y a des moments où, en considérant le degré d'intelligence de chacun, il est évident que dans de telles situations, peu de femmes se sentiraient disposées à être les objets de vos fantasmes grossiers.

Si je vous raconte qu'une certaine personne adore ressentir la qualité de mon sperme chaud glisser le long de son œsophage, cela ne signifie pas pour autant qu'elle serait disposée à subir vos déviations séminales. Premièrement, vous n'avez pas l'historique de notre relation. Deuxièmement, vous n'êtes pas moi. Par conséquent, vous n'êtes pas en mesure de reproduire le cheminement relationnel qui a conduit à cet acte, que vous ne pouvez d'ailleurs pas vérifier, à moins de vous fier à ma parole.

Si je vous disais qu'il est plus facile de séduire une femme sous l'emprise de l'ecstasy (si elle a pris cette substance de son propre chef, bien entendu) lors d'un festival de musique électronique que de séduire une veuve lors des funérailles de son défunt mari, vous auriez tendance à trouver cette constatation ridicule... car elle semble évidente à tous points de vue, n'est-ce pas ? Pourtant, le nombre de célibataires continue d'augmenter. En déduisons donc qu'évidemment... ce n'est pas si évident que cela.

Car en théorie, tout le monde sait tout... tout le monde sait comment faire, mais dans les faits, personne ne fait rien...

Ligue des champions sur glace

« L'Approche Psychologique », qu'est-ce que c'est ?

Dans les faits, il s'agit simplement d'analyser le terrain. Prenons l'exemple du football, où l'on utilise différents types de chaussures à crampons. Il y a les chaussures à crampons vissés que l'on utilise généralement sur les terrains mouillés, et les chaussures à crampons moulés, adaptées à une pratique sur terrains secs ou synthétiques. Cela implique logiquement deux façons d'aborder un match, à la fois en termes d'équipement et de mouvements, selon que l'on joue sur un terrain glissant ou une surface offrant une meilleure adhérence, n'est-ce pas ? Je pense que vous commencez à voir où je veux en venir... Cependant, je tiens à être plus précis pour que notre compréhension soit totale :

En fonction du lieu où vous vous trouvez, qu'il s'agisse d'un endroit intérieur ou extérieur, qu'il fasse jour ou nuit, qu'il soit un lundi à onze heures du matin ou une nuit de samedi après minuit, vous pouvez facilement imaginer que la nature des relations que vous tenteriez d'établir, même avec une parfaite inconnue dans le pire des cas, pourrait connaître quelques variations, n'est-ce pas ?

Ainsi, vous seriez sans aucun doute beaucoup plus à l'aise pour réaliser une approche relativement correcte envers une femme lors d'une soirée chez des amies communes, à laquelle vous auriez également été invité (Bonnie & Clyde se sont rencontrés ainsi). En revanche, vous seriez moins à l'aise pour effectuer une tentative similaire envers une parfaite inconnue, dans une rue sombre, lors d'une nuit de samedi à dimanche aux petites heures du matin, d'autant plus si nous ajoutons à votre désavantage un taux d'alcoolémie relativement élevé...

Pourquoi est-il important de prendre tout cela en considération ?

Parce que si vous souhaitez être à l'aise dans vos démarches, il vous faudra sélectionner le contexte le plus favorable. Un lieu de prédilection, en quelque sorte. Comprenez ainsi pourquoi personne, même parmi les plus farfelus, n'aurait jamais l'idée d'organiser un match de football sur une patinoire. Imaginez le plus beau but de Neymar que vous n'ayez jamais vu et visualisez-le en train de tenter le même geste sur une piste de patinage.

Les processus mentaux (réactivité émotionnelle, concentration lors de la préparation à l'action, imagerie mentale) jouent un rôle essentiel dans la réalisation de performances sportives, surtout dans les épreuves où le contrôle de la charge mentale est un facteur déterminant de la réussite de l'action.

(Revue science et sport, Volume 18, Issue 2, 1 April 2003, page 74-85)

Les sportifs de haut-niveau, se préparent pour être dans les meilleures conditions qui leur permettront, d'atteindre leurs objectifs voir de les dépasser. Tel est l'objectif de « L'Approche Psychologique   ». Vous faire comprendre qu'il est crucial de se préparer psychologiquement. Vous l'aviez compris alors je vous le répète car, c'est important :

28

Soyez prêt !

Plus vous serez à l'aise, plus vous serez en mesure de développer votre charisme, ce qui augmentera vos chances de concrétisation. Ne vous précipitez pas tête baissée.

1.   N'y allez pas à l'aveuglette !
2.   Évitez les opérations de séduction kamikazes dans des lieux hostiles.
3.   Ne faites pas le cumul d'un lieu hostile avec une femme totalement inconnue...

Car le plus important à ce niveau d'étude du phénomène, c'est d'essayer d'instaurer un climat de confiance entre elle… et vous.

Cela nous conduit à la deuxième phase, qui est loin d'être la moins importante, de "L'Approche Progressive".
En la parcourant, vous serez éclairé par l'évidence de certains concepts que le commun des mortels a trop souvent négligés, préférant les rechigner ou les effleurer du bout des doigts pour ensuite les reléguer immédiatement dans les abysses de leur cortex céphalo-rachidien, emportés par une pure paresse intellectuelle. Comment vous rapprocher

concrètement d'elle, voilà ce que vous désirez savoir. Comment susciter les faveurs de l'environnement qui vous entoure ? Comment éviter d'attiser la moindre suspicion ? Afin de maîtriser votre pouvoir, maintenez-vous dans la dynamique actuelle et enchaînez avec le prochain chapitre.

Poursuivez votre progression pour devenir un aimant pour les femmes.

II

L'APPROCHE PHYSIQUE

*En réalité, il préexiste des traces inconscientes de pensées.
Au fur et à mesure du <u>processus de décision</u>, le cerveau
opte pour la "trace" qui est la plus forte. En d'autres
termes,
si une activité cérébrale préexistante correspond
à l'un de vos choix, votre cerveau sera plus susceptible
de choisir cette option.*

Joel Pearson - Psychologue, neuro-scientifique

<u>La meilleure des modes</u>

Supposons que, dans le meilleur des cas, vous vous trouviez dans des conditions contextuelles optimales. Vous entreprenez une approche qui se veut élégante, mais vous êtes vêtu comme un punk à chien... Dans ce cas, il n'est pas surprenant de constater que vous vous exposez à un nouveau problème, avec un risque qui avoisine les 99,9%.

Mais qu'entend-on réellement par "approche physique" ?

L'approche physique représente le moment où votre corps, dans son contexte, s'engage dans l'action, action qui précède l'interaction. Poursuivons...

Supposons que vous ayez rendez-vous chez le dentiste. Cela fait longtemps que vous n'y êtes pas allé. Ce n'est pas forcément une perspective très engageante.

Traditionnellement, petits et grands, nombreux parmi nous semblent ressentir une appréhension vive lorsqu'il s'agit de se rendre chez le dentiste. Certains ont des souvenirs douloureux, tandis que d'autres traînent peut-être encore les séquelles lointaines de traumatismes dentaires. Cependant, parmi les vérités grinçantes que vous remarquerez, les êtres humains ont pris l'habitude de confondre menteur et arracheur de dents.

(C'est dire qu'au niveau de l'inconscient, ce type de rencontres ô combien salvatrices, sonne, tel un glas puissant, la fin de bien des certitudes...)

Quoi qu'il en soit, vous ressentez une douleur intense aux dents. Vous savez donc que dans cette situation, il est impératif d'y aller... Sans trembler, vous avez pris rendez-vous, fait toutes les démarches nécessaires, et voilà que le jour fatidique arrive, ainsi que l'heure à laquelle vous devez vous y rendre.

À l'appel de votre nom de famille, vous entrez sereinement dans le cabinet dentaire... pour vous retrouver face à votre cher dentiste, qui, curieusement, porte non pas la blouse blanche habituelle, mais un tablier taché de sang, rappelant celui d'un boucher-charcutier. Cette image évoque certainement en vous un léger questionnement sur votre degré de confiance envers sa santé mentale, ainsi que sur la nature des soins qu'il pourrait vous administrer...

En substance, même si l'apparence ne définit pas la personne, il est extrêmement rare de voir un prêtre célébrer la messe vêtu d'une combinaison de plongée, n'est-ce pas ? Pourtant, il est tout à fait possible qu'un prêtre ait une passion saine pour la plongée sous-marine. Cependant, dans ce cas, il ne revêtira son équipement adéquat que lorsqu'il s'adonnera à cette activité. J'ai suffisamment de respect pour vous, cher lecteur, pour ne pas oser vous informer que rester sous l'eau, que ce soit en apnée ou en utilisant un narguilé, peut s'avérer être une idée fumeuse si l'on persiste à le faire en tenue ecclésiastique. De la même manière, lorsque vous vous plongez dans cette jungle que nous avons coutume d'appeler "l'espace public", la question de votre présentation personnelle se pose également. Disons qu'elle revêt une certaine importance. En tout cas, vous devez comprendre l'importance de ce paramètre.

Il est essentiel de tenter de le maîtriser afin de vous sentir à l'aise et à votre place, tel un poisson dans l'eau, dans ces situations.

Où est-ce que je veux en venir ?

Récemment, des chercheurs ont dévoilé les mécanismes simples du cerveau, expliquant que celui-ci a une forte propension à prendre des décisions visuelles arbitraires. En d'autres termes, loin de toute notion de libre arbitre, de nombreuses décisions sont directement et automatiquement pilotées par les sensations ressenties par le cerveau. Cela s'applique aussi bien à séduire les femmes qu'à établir sa crédibilité aux yeux des autres personnes. John D. Rockefeller en avait une certaine expérience. Après le krach boursier qui a secoué Wall Street entre le jeudi 24 octobre et le mardi 29 octobre 1929, un journaliste lui demanda :

- *Que feriez-vous s'il ne vous restait que 1000$? Et le magnat américain de répondre :*
- *J'achèterais un costume bien coupé pour rebondir. Parce que lorsque l'on en porte un, on se sent invincible, que ce soit en face d'un ouvrier ou du président des États-Unis !*

Ici, nous parlons de l'approche physique. Sommes-nous d'accord ? Car, comme je l'ai mentionné précédemment, l'approche physique est le moment où le corps, dans son contexte, s'engage dans l'action, action qui précède l'interaction.

L'interaction est une action réciproque exercée par deux ou plusieurs phénomènes physiques l'un sur l'autre.

Interagir

Quand on interagit, c'est toujours avec une autre personne. Il est impossible d'interagir avec un bol de céréales. Donc, dans notre cas, vous interagissez avec une femme. Permettez-moi de vous rappeler qu'une femme possède également un cerveau. Un cerveau extrêmement puissant qui a de fortes chances de prendre une décision visuelle arbitraire vous concernant, cher ami. Et cela se produira en une fraction de seconde, soyez-en convaincu...

L'approche physique est donc liée à vos attitudes, à vos gestes et aux vêtements que vous portez. Si vous vous promenez en centre-ville et que, par hasard, une charmante dame vous croise alors que vous avez fièrement choisi de porter votre tout nouveau et magnifique équipement de plongée... à part un rire dont on ne peut dire s'il est simplement moqueur ou tristement gêné... cette dame aura plus tendance à vous imaginer dans une maison de repos que dans sa chambre.

Comme j'aime le dire, en matière de séduction, il n'y a pas de techniques, seulement des comportements. Pourquoi est-il important de savoir tout cela ? Simplement parce que bien avant que votre douce désirée n'ait même effleuré la moindre pensée à votre égard, son cerveau aura depuis longtemps décidé de vous classer dans une catégorie. Ainsi, si vous présentez mal, c'est la fin pour vous. De plus, à peine aurez-vous ouvert la bouche que vous laisserez transparaître l'image du gros lourd que vous vous efforcez peut-être de dissimuler (peut-être jusqu'au carré VIP du néant), une existence inavouable... Dans ce cas, ce précieux transfert de connaissances n'aurait pas lieu d'être. Ce que je veux que vous compreniez, c'est qu'il est moins important de changer de garde-robe que de comprendre l'importance des apparences dans les relations amoureuses, pré-amoureuses et surtout à leurs débuts. Si les apparences correspondent, cela favorisera une forme de gestation de la confiance chez l'autre. Et cette confiance vous sera d'une grande utilité, car vous en aurez grandement besoin. Mais en vertu de quoi exactement ? Quel type de personne laisseriez-vous le plus facilement entrer chez vous ? Une personne que vous connaissez ou un parfait inconnu ? La réponse est simple. Même entre deux parfaits inconnus sonnant à votre porte, si vous vous tenez devant votre porte et placez votre œil face au judas pour mieux observer ceux qui vous rendent une visite impromptue : le premier en costume-cravate éclatant, le deuxième en combinaison de plongée autonome... même si l'habit ne fait pas le moine, à première vue, l'un paraîtra plus orthodoxe que l'autre. Mais qu'est-ce qui différencie ces deux catégories d'individus ?

Lorsque vous faites confiance à une personne, vous êtes prêt à lui ouvrir la porte et/ou à la laisser entrer chez vous, du moins dans certains cas. Comprenez alors que selon le même principe, une femme devra avoir confiance en vous pour vous permettre d'entrer en elle, dans le sens émotionnel et intime. Il est donc essentiel de faire bonne impression dès la première rencontre. Ne lui faites pas peur dès le départ, car cela ne ferait qu'ajouter des obstacles sur votre chemin pour la conquérir. Vous risqueriez alors de vous voir décerner le titre de gros lourd. Prenez soin de votre image ! Surtout, ne soyez pas brut... Les femmes du XXIe siècle n'apprécient plus cela. Et le mythe du mâle alpha, vous plaisantez ? C'est le modèle prôné par 90% des blogs et des coachs en séduction (sic). Pourtant, vous remarquerez qu'il n'y a jamais eu autant de célibataires qu'aujourd'hui... Cela en dit long.

Aux prétendus mâles alphas, du moins à ceux qui se prétendent tels (je savais que certains d'entre vous liraient ce livre), que croyez-vous ? Pensez-vous que les femmes sont aveugles et ne vous voient pas arriver de loin avec vos attitudes de primates conquérants ? Soyons sérieux... Savez-vous que ce qui rendait un homme attractif hier n'est plus nécessairement fonctionnel aujourd'hui ?

<u>Deux conseils précieux</u>

1- Cessez donc de jouer le mâle alpha. Si vous vous efforcez de vous comporter en mâle alpha, il est fort probable que vous en soyez loin, mon bon monsieur. En agissant ainsi, vous courez le risque évident de donner l'impression (qui ne passera pas inaperçue) de surjouer un personnage préoccupant. Permettez-moi de vous consoler en vous disant qu'il existe de nombreux célibataires qui se prétendent mâles alpha... Dans le monde réel, il y a un grand nombre de femmes en couple (les *célibatantes* ne sont pas concernées par cette remarque) qui ne sont pas avec des mâles alpha. Elles peuvent être avec des mâles bêta ou d'autres types d'hommes, en fonction de leurs préférences. Sachez que les mâles alpha ne représentent qu'une infime proportion de la population masculine...

Il est également important de comprendre que toutes les femmes de la planète ne peuvent pas être avec un mâle alpha ! Si vous n'êtes pas un mâle alpha, cela ne signifie pas pour autant que vous ne pouvez pas trouver une compagne avec qui vous pourrez vous satisfaire mutuellement ! Donc, ne vous prétendez pas mâle alpha, c'est maladroit. Restez simplement vous-même, c'est bien mieux…!

2- S'il vous plaît, évitez de donner l'image d'une personne négligée. Est-ce clair ? C'est important, car si une femme vous trouve négligé, si elle perçoit que vous négligez vos affaires au point de vous négliger vous-même... il y a de fortes chances qu'elle pense que vous la négligerez également. Pour conclure, avant de passer à la phase finale de l'Approche Progressive, la troisième et ultime phase que je vous annonce comme étant la cerise sur le gâteau de la réalisation de vos désirs précieux... retenez ceci : si vous voulez conquérir le cœur des femmes, gagnez la confiance de leur cerveau.

*
***

Il est donc temps d'aborder la phase la plus délicate de l'Approche Progressive. Jusqu'à présent, comme vous l'avez remarqué au cours des deux phases précédentes, vous avez appris à sortir de votre zone de confort, que vous considériez naïvement comme étant la seule adéquate à vos tentatives. Vous avez créé une nouvelle zone dans laquelle vous vous sentez pleinement à l'aise et dans des conditions optimales pour faire la meilleure première impression.

Il vous est sûrement déjà arrivé, un jour, de croiser une femme si jolie, si belle, que vous avez eu envie de lui adresser la parole.

La saison des amours bat son plein, à mesure que notre charmante créature offre, en pâture, sa chair au soleil. Soudain, vous voilà épris d'un puissant désir, de mieux connaitre les possibilités bio-mécaniques relative à la bipédie. Vous prendre un râteau, cela vous ferait une belle jambe. Les secondes passent…

D'un claquement de talon aiguille à l'autre, madame s'efface… Vos instincts vous encouragent, mais la raison vous ramène à la condition dans laquelle vous croyez que le cadre de la société vous oblige. Tic, tac, tic, tac… J'y vais ? J'y vais pas ? Trop belle pour moi ?… Trop tard ! La perle rare vous est passée sous le nez. Et vous vous en êtes mordu les doigts en y repensant, sur le chemin du retour vers votre petit appartement, où vous alliez encore vous retrouver seul, comme d'habitude… depuis tant de jours, de semaines, de mois voir tant d'années. Et vous vous êtes demandé :

« Mais qu'est-ce que j'aurais bien pu lui dire ? »

Et bien **BRAVO** !

C'est cette énigme que nous allons résoudre à
partir de la page qui suit...

III

L'APPROCHE VERBALE

Félicitations !

Vous voilà enfin arrivé à la troisième phase de l'Approche Progressive. Dans un souci de confort, j'ai organisé cette phase de la manière suivante :

Palier 1 : Comment **interpeller une femme** sans se faire remballer ?

Palier 2 : Comment **générer un sentiment d'empathie** ?

Palier 3 : Comment **obtenir le numéro de téléphone d'une femme** ?
(en réduisant considérablement les chances de prendre un vilain râteau à la fin)

Tournez la page et lisez !

<u>Palier 1 : soigner la forme</u>

Palier 2 :

Palier 3 :

COMMENT INTERPELLER UNE FEMME
(SANS SE FAIRE REMBALLER) ?

Insulter une femme dans la rue parce qu'elle ne vous répond pas, ce qui est encore trop fréquent, devrait pouvoir être verbalisé immédiatement.

Marlène Schiappa (entretien, Le Point, 2017)

La germination d'une interaction fructueuse requiert indubitablement un certain nombre de qualités. Par une logique implacable, la politesse s'affirme comme une alliée incontestable. Il est donc impératif de s'en parer, d'autant plus lorsqu'il s'agit d'une inconnue qui pourrait pâtir de votre aisance, si vous veniez à la négliger. Sans pour autant prôner l'usage des formules solennelles destinées à Sa Majesté la Reine d'Angleterre, l'impérieuse exigence de notre propos nous contraint à réitérer la nécessité d'une mémorable première impression. D'un point de vue verbal, vous en saisissez à présent toute l'importance.

Préliminairement, il importe de souligner l'existence de lois rigoureuses qui visent à encadrer les comportements oppressants de certains odieux goujats, tels que les puissants tels que Harvey Weinstein, qui demeurent une réalité déplorable et malheureusement proche de nous, comme en témoigne le triste épisode de Marie Laguerre. Ces mesures législatives témoignent du constat accablant selon lequel de nombreux hommes, de manière générale, peinent à s'adresser aux femmes avec tact et respect. Si Harvey Weinstein avait su exercer son pouvoir de séduction sans recourir à la contrainte, ses méfaits ne lui auraient pas valu une condamnation à vingt-trois années d'emprisonnement le 11 mars 2020, à la triste geôle de Rikers Island à New York. Le cas de Monsieur Weinstein est éloquent. Ainsi, cher lecteur, si vous vous trouvez être un puissant producteur évoluant dans l'univers culturel et mondain (ou toute autre personnalité jouissant d'un pouvoir symbolique considérable), nous consacrerons un instant à explorer la manière dont ceux que l'on pourrait imaginer submergés de supplications de demoiselles en émoi se comportent vis-à-vis des femmes, du fait de leur position avantageuse dans l'échiquier social.

Harvey Weinstein vs Cercei Lannister

Le 17 octobre 2017, Lena Headey, mondialement connue pour son interprétation du rôle de Cersei Lannister dans la célèbre série "Game of Thrones", prit la parole sur son compte Twitter @IAMLeanaHeadey pour partager un récit détaillé. Elle y dénonça les agissements d'Harvey Weinstein, alors âgé de 65 ans, qui avait tenté à deux reprises de faire pression sur elle afin d'obtenir des faveurs intimes. La première rencontre se déroula lors de la Mostra de Venise en 2005, alors que l'actrice avait 32 ans. Au cours de cet événement, après la projection du film "Les Frères Grimm", Weinstein s'approcha d'elle et lui proposa de l'accompagner pour une promenade au bord de l'eau.

« Nous nous sommes baladés puis il s'est arrêté et a fait une remarque suggestive, accompagnée d'un geste. J'ai évacué sa proposition en riant. J'étais vraiment choquée, je me revois en train de me dire 'ça doit être une blague'. Je lui ai dit: « Oh, arrête, ce serait comme si j'embrassais mon père ! Allons rejoindre les autres pour boire un verre ». Après ça, je n'ai jamais tourné dans un autre film produit par Miramax (dont Weinstein est le co-fondateur) ».

Quelques temps après cette rencontre désastreuse, Lena Headey se retrouva une nouvelle fois confrontée à l'influent magnat d'Hollywood. Cette fois-ci, l'incident se déroula à Los Angeles.

« Je m'étais toujours dit qu'il n'oserait pas tenter à nouveau quoi que ce soit vu la façon dont je lui avais ri au nez (à Venise). Ce jour là, il me demanda de le rejoindre pour un petit-déjeuner. Je pensais qu'il serait respectueux des limites que j'avais posées et qu'il voulait s'entretenir avec moi au sujet d'un rôle. Nous mangeâmes en parlant cinéma et réalisation. Soudain, il me demanda comment se passait ma vie amoureuse. Je redirigeai la conversation vers un sujet moins personnel »

Après une brève parenthèse aux toilettes, l'homme revint à la table. Il suggéra alors à son invitée de l'accompagner jusqu'à sa chambre d'hôtel, située quelques étages plus haut, afin de lui remettre le précieux script qu'il y avait déposé.

« Quand nous primes l'ascenseur, l'énergie changea. Mon corps se mis en état d'alerte, et, je ne sais pas ce qui m'a pris, j'ai dit à Harvey :

« Je ne suis pas intéressée par autre chose que le travail, ne t'imagine pas que je sois là pour autre chose, il ne va rien se passer ».

Il resta silencieux, furieux. Nous sortîmes de l'ascenseur, il me mis une main dans le dos et me fît avancer jusqu'à sa chambre... Je me sentis impuissante... La clé de la chambre dysfonctionna, et là ; il s'énerva passablement. Il me ramena à l'ascenseur, m'accompagna jusqu'à ma voiture en me serrant le bras et me susurrant au creux de l'oreille :

« Ne parle de ça à personne. Pas à ton manager, pas à ton agent »

Je montai dans ma voiture pour y fondre en larmes ».

Et deux râteaux, deux !

Blague mise à part, revenons sur ce témoignage révélateur. Il met en évidence l'absence totale de tact de monsieur Weinstein, ce triste individu qui mériterait le titre de "forceur suprême". Toutefois, il faut reconnaître que l'approche psychologique du producteur ne souffre d'aucun complexe. Grâce à sa position privilégiée dans l'échelle sociale, associée à son pouvoir symbolique, il avait le privilège de peser de tout son poids dans de nombreux lieux prestigieux. Être un homme de la trempe d'Harvey Weinstein, rappelons-le, l'un des plus grands producteurs de cinéma de son époque, surnommé "L'Homme aux soixante statuettes" (vous pouvez imaginer lesquelles), avec un tel palmarès, permettait d'aborder n'importe quelle femme lors du Festival de Cannes sans se faire rembarrer. J'espère qu'il n'est pas nécessaire d'insister pour vous en convaincre. Pour Harvey

Weinstein, qui jouit de privilèges, la problématique se déplace donc naturellement plus loin dans le processus. Nous devrons donc également étudier comment cette réflexion se croise avec celle des personnes qui rencontrent des difficultés typiques dès le départ, au moment de la verbalisation. Car lorsque Monsieur Tout-le-Monde se demande comment faire bonne impression en abordant une inconnue, Harvey Scissorhands a le pouvoir de transformer n'importe quelle pauvre âme en une star internationale du cinéma... Croyez-moi, cela aide !

<u>Harvey Weinstein : le Olivier Giroud de la Séduction</u>

Olivier Giroud passe sa vie de footballeur sur le banc de touche. Harvey Weinstein la sienne, au ban de la société. Vous conviendrez sans aucun doute que manquer une frappe n'est pas aussi dommageable que d'agresser sexuellement une jeune femme sous contrainte. Poursuivons notre petite analyse des dérives masculines. Cela nous sera utile...

La phase d'approche d'Harvey Weinstein est caractérisée par un principe simple : l'abus de pouvoir. Appliqué spécifiquement au monde artistique, je l'appelle la "technique du producteur", qui fait référence à l'influence parfois néfaste dont profitent, entre autres, notre tristement célèbre producteur de cinéma pour dominer les actrices, les producteurs de musique pour faire de même avec les chanteuses, les éditeurs avec les écrivaines, sans oublier les professeurs de danse exotique. Ce principe vise à imposer une domination de facto, où celui qui en bénéficie se trouve en position de force grâce à son pouvoir de promotion (promotion canapé) ou à son savoir-faire. Dans ce contexte, l'approche psychologique que nous avons précédemment évoquée leur est plus ou moins acquise. Les proies se trouvant d'emblée dans la gueule du loup, il ne reste théoriquement plus qu'à resserrer les crocs. C'est ce qui donne à Weinstein, sans rien faire, une longueur d'avance sur le reste d'entre nous. Du moins, c'est ce qu'il pense (car en réalité, il ne fait que brûler les étapes). Ces messieurs ont pris l'habitude fâcheuse de miser principalement sur leur pouvoir symbolique plutôt que sur leur attrait naturel, qui finit par s'atrophier avec le temps.

Quand Weinstein fait sa proposition indécente à Lena Headey, souvenez-vous qu'elle l'a écartée en riant. Eh oui, elle a même été choquée. Elle s'est tout de même demandé si ce n'était pas une blague…

POURQUOI ?

Sachez avant tout que les grands séducteurs excellent généralement dans les moments importants. Un véritable gentleman n'a pas besoin de profiter de l'ivresse d'une jeune femme sans défense ni d'utiliser des chantages quelconques pour parvenir à ses fins grâce à la magie de sa prose. Il sait attirer les faveurs des femmes les plus respectables avant même de leur adresser la parole. C'est précisément ce que j'essaie de vous faire comprendre à travers cette analyse. Harvey Weinstein est tout aussi efficace avec des femmes sensées que ne l'est Olivier Giroud face au but (sic) en finale de la Coupe du Monde.

Pourquoi Lena trouva-t-elle la demande d'Harvey ridicule ?

La raison en est simple : cette demande était brutale, ne suivant aucun schéma ni aucune logique prévisible. Harvey s'imagine que son pouvoir lui donne le droit de profiter de tout impunément et sans restrictions. Mais pour l'actrice, la seule option était de rire nerveusement face à une telle absurdité. Être excessivement entreprenant avec n'importe quelle femme ne peut que la faire fuir. À moins qu'il ne s'agit d'Enora Mallagré, et que vous vous appelassiez Pharrell Williams sinon tant bien que mal fascinée, par un Carlos Ghosn si belle Salamé que vous fussiez.

Si vous laissez une femme avoir l'impression que vous voulez la déposséder de quelque chose : elle ne vous le donnera pas. Alors procurez-lui le sentiment qu'elle doit s'en débarrasser !

Voilà ce que j'aurais dit à Harvey Weinstein si j'avais été son conseiller.

LE TRUC C'EST QUE VOUS N'ÊTES NI HARVEY WEINSTEIN NI UNE ACTRICE DE GAME OF THRONES !

Il est donc essentiel, à la lumière de tous ces éléments, de continuer à enrichir votre bagage théorique comme il se doit. En réalité, vous devrez vous exprimer de la manière la plus désintéressée possible, laissant transparaître vos intentions avec parcimonie. Séduire sans forcer signifie adopter un langage posé, simple mais accrocheur. Par conséquent, il est crucial de connaître la qualité des mots et de les peser avant de les énoncer. Lorsque vous quittez votre domicile, vous savez généralement où vous allez vous rendre, ainsi que le chemin que vous allez emprunter pour y arriver.

Vous avez une idée plus ou moins précise de ce que vous allez y faire, ainsi que de l'heure approximative à laquelle vos activités prendront fin (on pourrait même assimiler cela à un rituel). À moins d'une situation exceptionnelle, il n'est guère intéressant de sortir de chez vous pour errer au hasard des rues.

De même, lorsque vous vous apprêtez à aborder une femme dans des conditions conformes à l'approche psychologique, il en va de même. Vous êtes prêt à ce stade, car vous respectez les codes mis en évidence dans l'approche physique. Cela signifie que vous avez, non pas de la chance, mais les éléments en votre faveur. Cependant, ne vous improvisez pas pour autant. Il serait inopportun de commencer à bégayer au moment opportun, ce qui susciterait moqueries ou mépris, voire les deux réunis, de la part même d'une castratrice qui s'ignore, en quantité suffisante pour entacher l'estime que vous avez de vous-même. Je le répète, ne vous improvisez pas. Créez une logique dans laquelle s'inscrira votre argumentation et soyez toujours prêt à vous adapter, voire à renoncer au moindre signe d'inconfort suspecté. Plutôt que de briser la glace, ayez en tête que vous devez la faire fondre. Mettez un terme à vos instincts basiques ! Ne soyez pas un pic à glace, mais une source de chaleur à l'origine de fontaines d'ocytocine. La vitesse de fonte d'un bloc de glace dépend de la température à laquelle vous l'exposez. Ainsi, ce qui était solide deviendra fluide. Sans manipulation mentale aucune. Simplement, plus vous serez expérimenté, plus vous serez en mesure de savoir quand et comment aborder une femme sans qu'elle vous renvoie à la case départ avant même que vous ayez ouvert la bouche. Sans l'avoir importunée outre mesure...

Vous ne pouvez pas être plus incompétent qu'Harvey Weinstein dans ce domaine…

Sur ce, après avoir discuté de la manière de générer cette chaleur nécessaire (ne tirez pas

de conclusions hâtives), dans la prochaine
étape (le palier 2), je vous montrerai comment
commencer à faire fondre l'iceberg plutôt que
de le heurter de plein fouet.

Palier 1 : soigner la forme

Palier 2 : le fond des choses

Palier 3 :

COMMENT GÉNÉRER UN SENTIMENT D'EMPATHIE ?

Il pourrait séduire une chaise.

Emmanuel Carrère à propos d'Emmanuel Macron

D'après une étude diffusée le lundi 19 novembre 2018 par l'Ifop, il se révèle que près d'un quart des femmes témoignent avoir été les victimes d'une atteinte ou d'une agression sexuelle au cours de l'année passée. De surcroît, un écrasant pourcentage de 86% des femmes interrogées admettent avoir déjà été confrontées à des situations de harcèlement.

L'expression « harcèlement de rue », traduite de l'anglais street harassement, est utilisée en Europe et en Amérique du Nord pour désigner des pratiques de harcèlement, subies principalement par des femmes dans l'espace public (lieux publics - rues, places - ou transports publics) de la part d'inconnus de sexe masculin.

L'expression est utilisée de façon extensive et englobe tous types d'actes d'objectification sexuelle (sifflement, tentative de séduction, remarque déplacée, etc. Bien que certains propos prennent la forme de compliments, ces comportements sont le plus souvent mal vécus par leurs cibles.

Si l'on considère que cette définition proposée par Wikipédia est neutre et objective, elle reste néanmoins révélatrice. Il n'est nullement question ici de remettre en cause la légitimité d'une lutte féministe visant à préserver le droit de ne pas se sentir constamment mal à l'aise, que ce soit dans les rues, aux abords des places publiques ou même dans les transports en commun, en raison des lacunes éducatives de certains individus. Je serais enchanté de mettre en évidence quelques notions pouvant enrichir notre étude en cours. Dans cette optique, relisons attentivement ce passage avec une solennité quasi-religieuse :

L'expression « harcèlement de rue » est utilisée de façon extensive et englobe tous types d'acte d'objectification sexuelle (sifflement, tentative de séduction, remarque déplacée, etc.
Bien que certains propos prennent la forme de compliments, ces comportements sont le plus souvent mal vécus par leurs cibles ».

Vous avez parfaitement saisi l'expression "objectification sexuelle" ! Mais à quel moment se dit-on que l'on va séduire un objet ? Permettez-moi de reformuler : pourquoi certains hommes ressentent-ils le besoin, consciemment ou inconsciemment, d'assujettir une femme en la réduisant à un objet dans le but de la séduire ?

Emmanuel Macron, l'homme qui séduisait les chaises

Les termes d'allumeur et d'hyper séducteur ont souvent été associés à la quête de gloire de notre cher Président en exercice. Ce sont principalement ses amis les plus enthousiastes qui lui attribuent ces éloges excessifs. Cela sous-entend qu'il parvient à séduire ses amis, mais en réalité, il peine à véritablement enthousiasmer ceux qui ne partagent pas déjà ses convictions. Son talent de séducteur, si brillant soit-il, a nécessité une campagne médiatique et publicitaire d'une envergure sans précédent pour convaincre 66,10 % des électeurs de voter en sa faveur, plutôt que pour la fille maudite du diabolique Jean-Marie Le Pen. Ne serait-ce pas la même situation pour vous si la télévision et la radio diffusaient de nombreux portraits flatteurs de votre personne ? Dans ce cas, combien de femmes s'opposeraient à ce que vous leur adressiez la parole ?

Le cas d'Emmanuel Macron est d'autant plus intéressant. Tous ceux qui sont d'accord avec lui se disent séduits, mais de l'autre côté, ceux qui ne le sont pas le conspuent. Séduire une chaise est bien différent de séduire un électeur, tout comme convaincre quelqu'un qui est déjà contre vous est bien plus difficile que de faire acquiescer une autre personne qui partage vos idées. Ainsi, nous constatons à quel point notre hyper séducteur éprouve des difficultés à convaincre ses opposants. En dehors des plateaux de télévision, les échanges sont houleux, voire stériles, révélant l'arrogance de son mépris mondain. Par exemple, le vendredi 27 mai 2016, alors qu'il se rendait à Lunel dans l'Hérault, Emmanuel Macron, alors ministre de l'Économie de François Hollande, a eu bien du mal à faire valoir son charme face à deux grévistes malheureux.

Contexte :
« En visite ce vendredi à Lunel, dans l'Hérault, le ministre de l'Économie, Emmanuel Macron, a lâché une petite phrase qui risque de faire beaucoup de bruit. Venu à la rencontre de jeunes élèves d'une école du numérique afin de «montrer un autre visage» d'une ville qui a perdu au moins huit de ses jeunes en Syrie, le ministre a été interpellé par deux hommes au sujet du projet de loi travail. L'échange, sous l'œil de caméra de BFMTV, dure environ dix minutes et Emmanuel Macron, d'abord de

bonne composition, perd rapidement patience. Face aux deux grévistes, le ministre lance: «Je n'ai pas de leçons à recevoir. Si vous ne voulez pas que la France soit bloquée, arrêtez de la bloquer». Mais les hommes en face de lui ne se débinent pas. «Ce qui bloque la France, c'est le 49-3, monsieur Macron», martèle un autre homme, en référence à l'utilisation faite par le gouvernement de l'article 49.3 de la Constitution pour faire adopter sans vote le texte à l'Assemblée nationale. Irrité par les attaques verbales des deux grévistes, le ministre finit par lâcher :

«Vous n'allez pas me faire peur avec votre tee-shirt. »

« La meilleure façon de se payer un costard, c'est de travailler». *article du Figaro de Yoann Blavignat, publié le 27 mai 2016 à 23:46*

Et vous considérez cela comme un hyper séducteur ? Si c'est le cas, il semblerait que vos critères soient bien modestes. Permettez-moi de répéter que convaincre ceux qui sont déjà convaincus est ce que certains appellent enfoncer des portes ouvertes. Défoncer des portes largement ouvertes avec l'aide de l'armée, au grand désarroi des contribuables dont la facture ne cesse de s'alourdir. C'est un peu comme remettre une liasse de cinq-mille euros à une personne vénale et se vanter, sous l'emprise du Viagra, d'avoir accompli une grande conquête.

Emmanuel, ce que j'aime chez lui, c'est son cynisme absolu. Il rend les gens amoureux de lui, déclare un de ses proches (dois-je rappeler que « cynique » à pour étymologie un mot grec signifiant « chien » ?).

Cynique :
Qui ignore volontairement les convenances et le savoir vivre, qui a une conduite et des propos insolents, éloignés de la morale.

MACRON M'A SÉDUIRE

À l'instar d'Omar Raddad
Qui n'a vraisemblablement pas tuer Ghislaine
Marchal,

Emmanuel Macron n'en a pas moins séduit son
vil peuple,

Qui, je suis heureux de le savoir :
N'est pas qu'un immense tas de chaises…

Panton, Kartell ?… qu'à Dieu ne plaise.

Voici donc des harceleurs qui brandissent fièrement l'objectification de 86% des femmes comme leur étendard. Une population réduite par les élites à une simple statistique, censée se contenter des discours méprisants d'un séducteur de chaises. Et dire que certains ne parviennent toujours pas à comprendre pourquoi ils se heurtent sans cesse à un mur de méfiance généralisée. Quel malaise divin ! Ces orgueilleux tristes ne se soucient que de leur nombril. Ces olibrius sont tout simplement dépourvus de la moindre once d'empathie envers les personnes sur lesquelles ils portent, de manière plus ou moins occasionnelle, leur regard avide.

L'empathie c'est à la fois comprendre le point de vue de l'autre (empathie cognitive) et ce qu'il ressent (empathie émotionnelle).
Différentes régions cérébrales seraient impliquées dans l'empathie : le cortex préfrontal, le cortex cingulaire antérieur, l'insula, l'amygdale... Une perte d'empathie peut être constatée lorsque des pathologies neurodégénératives touchent certaines aires cérébrales.
Les neurones miroirs joueraient un rôle dans l'empathie. Ces neurones sensorimoteurs sont activés lorsque l'individu mène une action ou lorsqu'il voit une autre personne effectuer la même action.

Comprenez donc que pour susciter un sentiment d'empathie chez autrui, il serait peut-être judicieux de faire preuve de cette qualité soi-même. Cela signifie ne pas être antipathique dès le premier abord. Nous connaissons tous les conséquences de cette attitude. Pour un simple freinage, l'agresseur de Marie Laguerre a écopé de 12 mois de prison, dont 6 mois ferme. Marie Laguerre, quant à elle, avait répliqué par un cinglant "ta gueule" à l'adresse de cet individu grossier qui, non content de la suivre à la trace, avait tenté d'attirer son attention en émettant, je cite, "des bruits, des commentaires, des sifflements, des propos obscènes, de manière humiliante et provocante". Évidemment, ce n'est pas ainsi que l'on doit agir dans de telles situations.

Il n'y a rien de si rapide qu'un sentiment d'antipathie... aurait dit Alfred de Musset.

Et pour cause…

a. Comment aborde-t-on une inconnue ?

<u>Buffy contre les Relous Garous</u>

Rebonjour, c'est le technicien d'Orange. Juste pour vous dire que vous étiez très jolie et que vous avez un très beau sourire.

La manière d'aborder une femme dépend sans conteste du contexte dans lequel vous vous trouvez. Les possibilités sont multiples et propres à chaque individu. Selon moi, il existe deux types de contextes où les relations pré-amoureuses se développent : le contexte professionnel et le contexte non-professionnel. Le contexte non-professionnel, comme son nom l'indique, englobe toutes les situations en dehors du monde du travail. Par exemple, lorsque vous croisez une femme dans la rue, dans un bar, chez des amis ou même si elle est votre voisine de palier. Quant au contexte professionnel, comme vous pouvez le deviner, il se produit lorsque l'un ou les deux acteurs de l'échange sont en plein exercice de leur activité professionnelle.

Prenons l'exemple du lieu de travail. Selon une étude sur laquelle nous allons nous attarder quelques instants, un salarié sur quatre a déjà envisagé d'avoir une relation amoureuse avec un collègue. Mieux encore, 62% des salariés ont déjà vécu une aventure sur leur lieu de travail.

Le cabinet de recrutement PageGroup a fait réaliser une enquête en ligne sur le thème de l'amour au travail. Résultat : un salarié sur quatre a déjà envisagé d'avoir une relation amoureuse avec un ou une collègue de travail. Simple fantasme ? Pas vraiment puisque 62 % d'entre eux ont déjà franchi le pas. 38 % sont même actuellement en couple avec une personne rencontrée sur leur lieu de travail. Le figaro le 6/02/2019

Les relations amoureuses sur le lieu de travail semblent être une pratique relativement courante. Toutefois, il convient de noter, au-delà de toutes les dérives, le lien de cause à effet entre votre position au sein de l'entreprise et la force de votre charisme. Même si l'on retrouve souvent le cliché du chef d'entreprise tombant sous le charme de sa secrétaire, il est peu probable que cette dernière s'éprenne de l'agent de nettoyage, aussi performant soit-il. C'est ce que j'aime appeler...

le Principe du serviteur.

Tout homme subordonné à une femme voit son pouvoir de séduction sur elle, réduit à l'impuissance. Cela s'applique par exemple lorsque qu'un plombier se rend chez une cliente pour s'occuper de sa tuyauterie. Ce n'est pas par hasard que la mythologie du cinéma pornographique en a fait l'un de ses scénarios phares. Cela s'explique par le fait que cela est hautement improbable, à quelques exceptions près, bien que je sois prêt à en entendre la moindre preuve tangible. En suivant ce même principe, un technicien d'Orange, troublé par le charme d'une cliente, décida d'écouter son cœur au détriment du professionnalisme qui était de rigueur. Il s'appropria les données personnelles de la fiche contact d'une certaine "Buffy" pour lui adresser une missive électronique renfermant le feu de sa passion...

Je cite dans le texte :

*« Rebonjour, c'est le
technicien orange.
Juste pour.vous dire*

que vous étiez très jolie
et que vous avez un
très beau sourire J'ai
as osé devant mon
collègue en formation.
Et c'est pas très pro.
Voilà désolé pour
la gene .. »

Hmm, analysons ce message :

« Rebonjour, c'est le technicien orange. » : à ce moment là tout va bien, ça peut toujours être en lien avec l'intervention.

« Juste pour.vous dire que vous étiez très jolie et que vous avez un très beau sourire » : Et là, soudainement, le voilà qui bascule du professionnel au personnel, voire à l'intime, car il s'agit d'une remarque sur le physique qui surgit telle une bombe !"

« J'ai as osé devant mon collègue en formation. Et c'est pas très pro » : Ce passage est véritablement enchanteur. Le technicien débute en mettant en évidence sa lâcheté, amplifiant ainsi sa couronne d'absence

flagrante de professionnalisme, au cas où cela aurait pu échapper à notre attention.

« *Voilà désolé pour la gene* » : cerise sur le gâteau, il admet lui-même être source de gêne...

Qu'est-ce que j'aurais écrit à sa place ?

> « *Rebonjour c'est votre*
> *technicien orange.*
> *Simplement pour vous*
> *remercier de votre accueil*
> *tout en sourire.*
> *Ce fut un cadre idéal*
> *pour la formation de mon*
> *apprenti. Merci encore pour*
> *votre bonne humeur.* »

Plus d'empathie (ce n'était pas difficile) et surtout moins de fautes d'orthographe, c'est certain ! D'un point de vue syntaxique, moins glauque que celui du technicien. Mais fondamentalement, est-ce que cela aurait changé quelque chose ? Quel est le but réel de l'envoi de ce genre de message ? Est-ce que la personne en question va répondre « Oh oui merci vraiment, votre message m'a mis tellement la pression que je vous invite à revenir dès maintenant me galocher la chatte ! » ? Soyons sérieux.

Buffy Mars afficha le type, logique… normal.
Par quel miracle imaginez vous que ce type de sms gluant puisse recevoir quelconque réponse positive, si ce n'est celle du commissariat vous confirmant réception d'une plainte dont vous feriez l'objet ? Malheureux !
Le technicien n'avait aucune raison valable de recontacter Buffy, encore moins en dehors du cadre de son intervention. Rappelez-vous de ce contre quoi je vous mettais en garde dans l'approche psychologique : « *ne vous lancez pas dans des opérations séduction kamikazes dans des lieux hostiles* » Vous vous en souvenez ? Et de ce point de vue-là, pour notre éjaculateur précoce, rien ne va.

Premièrement : il est en intervention chez une cliente de l'entreprise pour laquelle il travaille. Sans cela, jamais il n'aurait été en contact avec la jeune femme, jamais il n'aurait fourré ses gros sabots de dalleux intergalactique dans son appartement.
Deuxièmement, si vous souhaitez contacter une femme par le biais de son téléphone

portable de manière appropriée, il vaudrait mieux avoir obtenu son numéro en lui demandant directement, comme il convient de le faire. Et assurez-vous qu'elle vous ait autorisé à la contacter pour autre chose que l'installation de la fibre. Contourner toutes les règles déontologiques pour obtenir les données personnelles d'une demoiselle aussi charmante soit-elle n'est honorable pour personne, et encore moins pour le lâche qui s'en rend coupable. Buffy Mars, victime et embarrassée par cette situation ubuesque où ses données intimes ont été utilisées de si piètre manière, s'est indignée.

En tant que blogueuse, elle a choisi de pousser un coup de gueule sur son compte Twitter, accompagnant son indignation d'une capture d'écran de la lamentable tirade. Elle a été surprise de voir déferler une vague de commentaires haineux et vindicatifs, un véritable shitstorm numérique. La pauvre Buffy a été harcelée et submergée d'insultes en représailles d'avoir humilié publiquement l'un d'entre eux.

Il faut admettre que la situation du technicien était complexe, voire stérile en elle-même. Si jamais, cher lecteur, vous vous retrouvez dans une expérience similaire, que ce soit un coup de foudre ou une urgence sentimentale, ne déclenchez pas un missile hypersonique Avangard dans votre petit orteil. Le monde est petit, après tout, qui sait ? Peut-être aurez-vous l'occasion de revoir la personne en question. Espérons que ce ne soit pas depuis le banc des accusés de la 23e chambre du tribunal correctionnel de Paris, mais plutôt au détour d'une rue commerçante, par pur hasard... C'est la seule opportunité exploitable et relativement sûre pour préserver votre estime de soi, je vous rassure. Et vous auriez davantage de chances de mettre en valeur vos talents de séducteur si cette ultime situation se présentait à vous.

Nous aborderons ensemble, de manière précise, ce thème qui se déroule dans l'espace public, d'ici quelques paragraphes.

b. Comment aborder une collègue sur son lieu de travail (espace privé) ?

Le Principe de Sculder

L'union de Scully et de Mulder, symbolisée par le doux néologisme "Sculder", incarne l'alliance fusionnelle de deux êtres d'exception. Fox Mulder et Dana Scully, ces deux agents d'élite consacrés à l'énigmatique service du FBI, se déploient en parfaite harmonie au sein de la renommée série des X-Files. À travers les méandres de leurs enquêtes conjointes, une lueur d'attraction amoureuse a souvent transpercé l'écran, animant les esprits et nourrissant les débats passionnés qui, tels des bourgeons virtuels, éclosaient sur les vastes plaines de l'Internet des années 90.

Néanmoins, cette idée d'un amour naissant entre les deux enquêteurs n'a pas suscité l'adhésion unanime, et même, à maintes reprises, elle a engendré la controverse au sein de ces cercles d'échanges virtuels. Les voix divergentes se sont élevées, tissant un tissu mouvant de points de vue contrastés, qui semblait refléter l'essence même de la dualité bénéfices/risques. Dans cette mosaïque électronique, deux camps antagonistes se dessinaient avec clarté, représentant chacun leur propre perspective sur cette union envisagée, où les promesses et les périls s'entrelaçaient dans un ballet incertain.

1.Ceux qui espéraient que Mulder et Scully finissent par franchir le pas et sortir ensemble.
2.Ceux qui pensaient que cette issue aussi romantique soit-elle gâcherait tout.

Je me dois de vous confier que je m'inclinai devant le second camp. Selon ma propre vision des choses, deux alternatives s'offraient à nous : soit la série s'achevait ici, telle une étoile filante dont la trajectoire s'achève dans l'obscurité, soit nous étions condamnés à nous infliger à jamais les méandres de l'idylle d'un couple improbable. Une perspective digne d'un banal "Un gars/Une fille" au parfum exotique des astres. Insipide ! Lorsqu'un homme s'aventure à conquérir le cœur d'une collègue de travail, il est inéluctablement soumis à l'impérieux principe de Sculder.

Entreprendre une démarche séductrice à l'égard d'une compagne d'ouvrage revêt également le risque, en cas d'échec, d'altérer l'harmonie au sein de l'entreprise. En découle un jeu subtil d'attirance et de résistance, engendrant l'éclosion d'une relation platonique, telle une fleur délicate qui s'épanouit sans la moindre effusion charnelle.

Comment créer des liens avec une collègue de travail en vue de la séduire

Séduire au sein de l'environnement professionnel, comme nous avons pu le constater, n'est pas une pratique marginale. Toutefois, il convient d'admettre qu'elle n'est pas sans risque (nous pourrons peut-être y revenir ultérieurement). Vous œuvrez au sein de l'entreprise X, tout comme l'objet de vos désirs. Cela signifie que vos chemins se croiseront fréquemment. Notez bien que j'ai dit "se croiseront" et non "se verront fréquemment".

Car même si chaque passage de votre précieuse collègue vous laisse sans voix, ne vous bercez pas d'illusions quant à la récurrence de cette réciprocité. N'oubliez jamais que vous êtes nombreux sur la liste de ceux qui aspirent à tenter quelque chose... Car j'ose supposer que vous n'auriez point porté votre attention sur la moins ravissante de toutes. Tenter n'est point synonyme de réussite. La tentative elle-même renferme souvent l'échec en son sein. En effet, l'impétuosité des actes, je parle ici de cette impulsion irrépressible, néglige bien souvent les conséquences. Oui, je soutiens fermement que ce que votre nature vous pousse à entreprendre, votre sentiment instinctif de la manière dont vous devriez agir, certains le qualifieraient d'instinct, tend bien souvent à vous dicter l'exact contraire de ce que l'élégance requiert.

Dans l'art de séduire sans forcer, trois moments clés s'offrent à vous lorsque vous évoluez sur votre lieu de travail. Chacun d'entre eux s'inscrit dans une "logique de routine générale", à laquelle vous et votre future partenaire êtes soumis : l'heure de l'embauche, les moments de pause du salarié et l'heure de la fin de la journée. Toutefois, ces trois moments ne présentent pas le même degré de difficulté. Nous allons examiner comment les rendre propices à toutes tentatives, tout en préservant la discrétion nécessaire. Sachez cependant que selon l'évolution des événements, la difficulté peut croître. Au moment de par exemple, aux premières lueurs du matin, tant les femmes que les hommes sont généralement peu enclins à toute forme de sociabilité. Ils s'extirpent tant bien que mal de leur lit pour se rendre au travail, plongés dans cette atmosphère étrange qui règne au sein des entreprises.   Comprenez que leur esprit est davantage porté sur l'autocentrage que sur la malice. Ainsi, en ce qui concerne une première approche, il convient d'éviter cela ! Surtout lors des matinées sombres et froides de l'hiver, où une tentative presque inévitablement maladroite serait perçue comme des plus désobligeantes. Toutefois, pour demeurer honnête envers vous-même, tout dépend du contexte. De nombreux éléments peuvent vous échapper autant qu'ils peuvent vous être favorables. Il m'est arrivé de croiser une collègue de travail d'une grande beauté, régulièrement, sur les derniers cent mètres menant à nos bureaux. C'était devenu une rencontre quasi-quotidienne. Chaque matin, je me retrouvais à marcher derrière cette divinité incarnée, ses cheveux châtains et soyeux effleurant ses épaules dénudées tandis qu'elle se déhanchait avec grâce dans ses tenues à la fois élégantes et audacieuses. À chaque pas qu'elle faisait sur le bitume lisse, les muscles délicats de ses mollets se dessinaient, ses ischio-jambiers se contractaient, révélant à quel point l'anatomie féminine m'inspirait une profonde réflexion.

J'espère que vous ne m'en tiendrez pas rigueur, mais cela ne m'a jamais laissé indifférent. Je pense que vous pouvez le comprendre. Au début, un simple bonjour, empreint de la plus formelle des courtoisies. Au fil des semaines, sans sombrer dans la mièvrerie, cette formule de politesse se fait complice, après que j'ai pu faire preuve de quelques galanteries, telles que tenir une porte, par exemple. Cette complicité se répand ensuite jusqu'à l'intérieur de l'entreprise, où, au-delà des regards plus ou moins explicites, l'urgence de pousser plus loin se fait sentir. Car il n'est pas question de passer tout son temps à s'observer de loin, et il faut comprendre que la force des premiers regards a tendance à s'estomper, d'où la nécessité d'exploiter des moments plus propices aux échanges, aussi brefs soient-ils...

<u>Les temps de pause du salarié</u>

répondent merveilleusement à ce critère. *Durant son temps de travail effectif, le salarié est à la disposition de l'employeur et se conforme à ses directives. Il ne peut pas durant ce temps de travail interrompre son activité professionnelle pour s'occuper de ses activités personnelles. Le temps de pause est un arrêt de travail de courte durée sur le lieu de travail. Le salarié peut librement vaquer à ses occupations personnelles sans avoir à respecter les directives de son employeur (pour téléphoner, prendre un café, fumer une cigarette, par exemple. Dès que le temps de travail quotidien atteint 6 heures, le salarié doit bénéficier d'un temps de pause d'au moins 20 minutes consécutives (service public.fr).* Bien souvent, en tant que salarié, vous disposez d'un temps de pause aménagé de la manière suivante : 10 minutes le matin, 10 minutes l'après-midi, ainsi qu'une pause déjeuner d'au moins une heure. Tout cela peut sembler charmant, mais vous pourriez vous retrouver en fâcheuse posture si vous essayez d'approcher votre charmante collègue pendant la pause du matin sans avoir grand-chose d'intéressant à lui dire, si ce n'est le banal "Comment ça va ?" auquel elle pourrait répondre par un simple "Ça va, et toi ?" Et vous répliquerez par un "Oui, merci..." avant qu'elle ne s'excuse de devoir vous quitter, retrouvant son amie avec qui elle a l'habitude de partager ce moment de répit, vous laissant sur le carreau...

Je ne sais pas pour vous, mais j'estime que cela n'est pas satisfaisant. C'est pourquoi, à partir de maintenant, je vais vous expliquer comment devenir si captivant que les femmes s'accrocheront à vos paroles. Je vais vous révéler précisément de quoi vous devez parler pour que votre interlocutrice ressente le besoin de toujours échanger davantage avec vous. Je vais faire en sorte que vous soyez l'une de ces personnes dont elle pense le soir avant de s'endormir. Je vais vous montrer comment vous démarquer et devenir un individu empathique, comment devenir Vous, c'est-à-dire unique.

D'un point de vue très basique, chaque intervention de votre part devrait se résumer à une idée ou à un concept simple. Cette idée peut prendre la forme d'une remarque ou d'une question qui pourra ensuite être développée. Si ce que vous dites est si intéressant, demandez-vous alors si votre interlocutrice serait susceptible de répéter vos propos à une autre personne. Si vous doutez que cela puisse se produire, soyez vigilant, car vos paroles risqueraient de lui entrer par une oreille pour en ressortir aussitôt par l'autre.

Avant de poursuivre, il convient de souligner qu'il est toujours déplacé de se prendre trop au sérieux. Les moments de pause au travail sont généralement dédiés à la détente, alors ne soyez pas celui qui fait grimacer les autres, mais plutôt celui qui leur redonne le sourire. Si vous n'êtes pas intéressant, personne ne s'intéressera à vous. Mais qu'est-ce qui fait qu'une personne est intéressante ou non ? Deux éléments entrent en jeu : ce que vous êtes, dans le sens de ce que vous incarnez physiquement, et ce que vous dites. Votre apparence (votre aspect physique), s'il est maîtrisé, facilitera les contacts en renvoyant aux femmes les codes socio-anthropologiques appropriés. Ces codes sont des constructions culturelles façonnées par notre rapport au monde de la musique, du cinéma et de la littérature. Adopter le style d'un héros emblématique du grand écran, en particulier s'il est apprécié des femmes, vous permettra déjà de marquer des points. La même logique s'applique à ce que vous devriez dire. Vous avez plus de chances d'être écouté si vous évoquez un sujet d'actualité plutôt que si vous proposez une exégèse complète des manuscrits de la mer Morte. Une jeune femme a plus tendance à s'intéresser à la télé-réalité qu'à la littérature, même si elle prétend aimer la lecture. Cela peut être vrai, mais elle passera sans doute plus de temps emmitouflée dans une couette, allongée sur son canapé, les yeux rivés sur la dernière série Netflix (stéréotype). Les femmes ont raison d'aimer l'actualité et la mode, car cela montre qu'elles sont en phase avec leur époque.

Dans une situation similaire, séduit par une sublime jeune laotienne de 21 ans, j'ai moi-même dû recourir à des méthodes efficaces dans ce domaine. Lors d'un stage organisé par plusieurs entreprises, dont celle pour laquelle je travaillais bien entendu, nous étions tous issus de milieux différents mais destinés à nous côtoyer pendant deux semaines consécutives...

J'avais, comme vous vous y attendiez, l'intention de tisser des liens avec l'une d'entre nous, qui éclairait l'espace-temps de sa sensualité émanant de son corps de sirène chaussé de sandales à talons Portofino 105 de Gianvito Rossi, bien que je ne la connaissais ni d'Adam ni d'Ève. Je ne vous cache pas que je comptais remédier à cela dans les plus brefs délais. Et je n'ai utilisé aucun subterfuge autre que ce dont nous discutons depuis le début de cet ouvrage. J'avais donc l'intention, après une brève observation de cette merveille de la nature aux longs cheveux noirs de jais, d'exposer avec habileté quelques remarques bien placées... Tout en mettant en œuvre une Approche Progressive. J'avançais ainsi l'idée que ce type d'émission était moqué par une armée de snobs, alors que les esprits les plus subtils y trouvaient une vérité que sociologues, journalistes et artistes avaient depuis longtemps refusé de transcrire, craignant de commettre quelques infidélités à la notion d'académisme. Voilà donc de quoi je discutais avec elle pendant les pauses. Elle m'écoutait, riait devant tant de banalités. Je lui demandais son avis sur qui allait aller jusqu'au bout de l'aventure, ou pourquoi tel ou tel participant se comportait de façon si exécrable... et elle renchérissait. C'était acquis ! Elle aimait discuter avec moi. En trois jours, une solide complicité s'était instaurée entre nous. Cependant, il fallait aller plus loin. Le contexte professionnel restait oppressant, créant un mur épais qui empêchait l'épanouissement de relations plus confidentielles. Je devais donc m'en échapper, déprofessionnaliser nos échanges et les porter vers des univers plus intimes. Phetprany ne méritait pas que je lui lance une invitation à diner à l'emporte pièce. À vrai dire, aucune femme ne mérite cela.

Du French Tacos au French Kiss

Je me remémorai alors un épisode marquant de ma vie, où l'influence de Daoud, un ami qui exerçait en tant que livreur pour une célèbre chaîne de fast-food, se fit ressentir. Il m'avait confié un secret sur les femmes solitaires, une révélation surprenante qui avait éveillé ma curiosité. Selon lui, le soir venu, de nombreuses femmes commandaient des tacos pour se régaler devant leur télévision. Les chiffres étaient éloquents : huit commandes sur dix étaient destinées à ces dames esseulées. Au départ, j'associais le terme "tacos" au Mexique, à ces célèbres tortillas de maïs délicieusement garnies de viande, de sauce à l'oignon et de coriandre fraîche. Mais je découvris rapidement qu'il s'agissait de quelque chose de différent...

C'est en 1999 à Lyon que naquit la légende du french Tacos. D'après les dires de Nordine le boucher, cette galette garnie de viande, de frites et de la non moins célèbre sauce grugru (gruyère), c'est sa mère qui l'a inventé. Il raconte à Yasmina Bennani (AJ+) que chaque été, la brave femme leur préparait de la viande hachée avec la fameuse chakchouka. Le *hmiss* : des poivrons avec de la tomates et des oignons, le tout mélangé pour être mis dans des galettes qu'elle fermait, pour les leurs servir. Cette préparation qui a pour origine Sétif, était jadis consommée par les moudjahidines qui appréciaient sa consistance.

Ma première rencontre avec ce fameux "Tacos français" se déroula de manière quelque peu inattendue, par le biais de YouTube. Les caprices de l'algorithme de Google ? Je ne saurais le dire... Ou peut-être était-ce ma fascination pour les concours de dégustation américains qui m'avait mené sur cette voie. Quoi qu'il en soit, je tombai sur une vidéo mettant en scène un YouTuber des plus singuliers, répondant au nom de TheKAIRI78. Accompagné de son ami Kenny, il se livrait à une séance de dégustation publique des plus surprenantes :

DEGUSTATION TACOS 4 VIANDES XXL
AVEC KENNY

J'étais fasciné par ce spectacle ! Comment pouvait-il être si captivant de contempler des individus se gorger de nourriture ? À chaque bouchée, la galette chaude s'ouvrait délicatement, révélant des morceaux de viande fumante, nappés d'une sauce onctueuse au fromage qui dégoulinait. Je réalisai alors que l'observation de ces personnes se goinfrant suscitait en moi la même sensation que si je savourais ces mets moi-même... Diable, cela m'ouvrît l'appétit ! Et si une simple vidéo pouvait éveiller de telles sensations en moi, qu'en serait-il pour Phetprany si je lui en faisais la description ? Inévitablement, cela éveillerait en elle l'envie et le plaisir. Et c'est précisément ce qui se produisit lors de notre pause de onze heures, juste avant le déjeuner. Mes récits gastronomiques agirent comme un signal envoyé au cerveau de mon interlocutrice, déclenchant la libération de la célèbre dopamine, ce neuromédiateur bien connu.

Plus je parlais, plus je la stimulais, plus elle semblait ressentir du plaisir. *Le plaisir est un état de satisfaction intérieur en lien avec les choses du monde extérieur. Quand on éprouve du plaisir les muscles se relâchent, le corps s'abandonne, le regard devient flou, le temps se dilue, une sensation de plénitude nous inonde, allant parfois jusqu'à l'extase...*

« Arrête Zola, tu me donnes trop faim ! » finit-elle par me dire. Et comme je savais où se vendaient les meilleurs Tacos de la ville. Sans forcer à la débauche je l'y invita. Elle accepta ! Et me confia, que cela lui ferait plaisir.

Du plaisir…
C'est moi qui allait en ressentir,
La première fois que Phetprany
m'embrasserait.
Elle avait la langue sucrée,
D'un parfum de secret !

Voilà pour l'exemple de comment un
sentiment d'empathie se crée…

b1. Comment aborder une inconnue dans la rue (espace public) ?

Pour débuter convenablement, faisons usage de Google. Entamons une recherche en saisissant les mots-clés "espace public" dans la barre dédiée, puis examinons les résultats qui s'affichent.

« L'espace public » *représente dans les sociétés humaines, en particulier urbaines, l'ensemble des espaces de passage et de rassemblement qui sont à l'usage de tous. Ils appartiennent soit à l'État (domaine public), soit à une entité juridique et morale de droit ou, exceptionnellement, au domaine privé. »*

Comprenez l'espace public tel le théâtre de toutes les aventures humaines, de tous les passages, plutôt que comme un simple terrain de jeu. Il vous est possible d'y rencontrer des individus que vous connaissez à la perfection, ainsi que d'autres que vous ne fréquentez qu'à l'occasion. Les innombrables visages forment cette autre facette du paysage, teintant plus ou moins durablement l'âme des quartiers, qu'ils soient huppés ou populaires. Plus ils sont restreints, plus les séducteurs sont rapidement identifiés.

Plus ils sont vastes, plus la diversité des profils impose sa présence aux séducteurs les plus doués, telle une grâce divine. Posez-vous donc cette double question primordiale : combien de fois, au cours de votre existence, avez-vous échangé avec un inconnu dans l'espace public ? Autrement dit, combien de fois un inconnu s'est-il adressé à vous dans ces conditions particulières ? Méditez-y un instant. Il est probable que cela vous soit déjà arrivé. À présent, explorons ensemble les raisons pour lesquelles vous auriez pu prêter attention, ou non, à ce type de contact pour le moins insolite...

Il n'existe pas une multitude de motifs pour lesquels un inconnu vous aborderait en pleine rue. Et cela s'explique simplement : il ne vous connaît pas. Personne ne se lève le matin en se disant : Tiens ! Aujourd'hui, je vais me promener en ville afin de bavarder avec des inconnus. Soyons honnêtes, cette perspective est hautement improbable. Vous seriez bien audacieux de fouiller les tréfonds de votre esprit et de prétendre connaître quelqu'un qui agirait ainsi. Et que le divin Amon Rê sache que tout est possible, y compris qu'un tel individu ne soit pas des plus sains d'esprit. Néanmoins, sachez que le simple fait d'être informé de telles actions ne vous engage en rien. Non pas que converser avec autrui soit un délit, mais dans nos sociétés, méfiance et vigilance sont de mise. Prenons l'exemple de ces individus capables de déambuler frénétiquement dans les allées, haranguant les passants pour leur asséner en plein visage des slogans publicitaires tels que "Apéricube, le fromage de l'apéritif !" (véridique), avant de s'éclipser aussi vite qu'ils sont apparus. Il ne s'agit pas de prôner un repli sur soi, mais il est évident qu'un homme charmant qui se présenterait à vous de but en blanc pour vous demander votre numéro de téléphone, en vous trouvant charmante (ce n'est pas une erreur, j'ai bien écrit "charmante"), vous mettrait certainement dans une situation délicate si vous deviez répondre favorablement à sa requête.

Répondons à présent à une autre question : en dehors de la drague, pour quelles raisons deux individus qui ne se connaissent pas auraient-ils intérêt à interagir dans l'espace public ?

Il existe trois grandes catégories de personnes enclines à tenter d'interagir avec les passants sans les connaître. Primo, il y a ceux qui vous interpellent ou vous abordent, auxquels, à tort ou à raison, vous préférez ignorer volontiers. Les mendiants en font généralement partie. Certes, ils sont les plus démunis, mais ils ne manquent pas d'audace pour autant. Les taxeurs de cigarettes en sont bien conscients. Rongés par le mal sournois de la dépendance au tabac, ils viendront bien souvent (du point de vue d'un non-fumeur) vous supplier, avec un calme olympien, de satisfaire leur manque en faisant don de votre générosité.

Deuxio, il y a les enquêteurs de rue. Leur mission est de collecter des informations en parcourant la ville avec un questionnaire et un stylo à bille. Leur objectif est d'entrer en contact avec les passants afin qu'ils répondent à divers sondages, pour le plus grand bonheur des journalistes qui prétendent ainsi mieux appréhender les tendances actuelles. C'est un peu comme en 2012, lorsque ce genre d'étude sur les intentions de vote des Français aux élections présidentielles a conduit à la conclusion... que Dominique Strauss-Kahn remporterait haut la main le second tour face à Nicolas Sarkozy, ce qui fait bien rire...

Cela vous montre à quel point leur utilité est proportionnelle au nombre de vents que j'ai toujours pris plaisir à leur infliger. Avant d'aborder la troisième catégorie (tertio), permettez-moi de souligner la voie à ne pas suivre qui se dégage ici. Évidemment, puisque je viens de vous décrire brièvement deux profils de personnes qui ont plus tendance à prendre qu'à donner. C'est ce qui fait que nous finissons tous par nous sentir cruellement harcelés, que l'omniprésence d'une forme exponentielle de "romanichellisation" nous pousse, pour bon nombre d'entre nous, à adopter une attitude qui oscille entre le mépris et l'acceptation de la misère, censée du moins susciter en nous une certaine tristesse. Avancez avec vos gros sabots de connard, façon gros rom jaunâtre, très avide de dividendes sur le contenu à proprement parler de votre bourse, or, c'est au sens figuré que votre avidité vous perdra, jusqu'à ce que vous n'ayez plus besoin que de votre propre exercice pour qu'elle se vide...

Le harcèlement des gens pour leur extorquer du temps ou de l'argent... cela fonctionne médiocrement. Cela voudrait-il dire que si vous harceliez les gens pour leur faire gagner du temps et de l'argent, cela fonctionnerait mieux ? En général, le harcèlement s'exerce malheureusement dans un contexte d'opposition, là où règne la réticence. C'est là que l'on rencontre le besoin d'insister jusqu'à provoquer un malaise. Cependant, dans le cas contraire, lorsque la personne sait qu'elle pourrait en bénéficier en vous écoutant, il sera moins fréquent de devoir persister jusqu'à un tel point. Voilà où réside la différence entre harceler et séduire. Le harcèlement et la séduction ne sont pas des fins en soi, mais des moyens pour parvenir à contraindre dans le premier cas, ou convaincre dans ce qui nous intéresse.

Il convient de comprendre que si vous avez acheté ce livre et que vous le tenez entre vos mains aujourd'hui, que ce soit sous sa forme papier ou numérique, c'est parce qu'en lisant son titre, vous saviez que vous y gagneriez bien plus que les quelques euros que vous avez investis pour l'obtenir. Ainsi, il n'était nul besoin de vous contraindre en quoi que ce soit pour que vous fassiez le choix judicieux de l'acquérir. Lorsqu'il s'agit de séduire une femme (sans exercer de pression), il en va de même.

Imaginons la situation : vous marchez dans la rue et vous interpellez la première femme que vous croisez. Avec courtoisie, vous lui demandez de vous accorder cinq mille euros. Dans ce genre de cas, les probabilités de refus semblent atteindre les 99,9%. N'est-ce pas ? Refus ! Non seulement elle rejettera votre demande, mais elle vous empêchera même d'engager toute tentative de discussion pour la convaincre de l'importance de vos différents projets d'épargne, aussi cruciaux soient-ils pour vous... Maintenant, retournons dans le temps, au début de l'action. Cette fois-ci, vous proposez à cette même femme non pas de lui extorquer, mais de lui offrir cinq mille euros. Vous constaterez que sa réaction sera tout autre.

Ne se laisserait-elle pas convaincre par votre proposition alléchante ?
Refuserait-elle de vous écouter attentivement alors que vous lui détaillez les tenants et aboutissants de votre offre ?

Les probabilités de refus seraient cette fois-ci considérablement réduites. Pour tout vous dire, elles frôleraient le zéro. Elle acceptera !

Vous souhaitez savoir pourquoi ?

Parce qu'elle y gagne quelque chose !
Et le Système de Récompense de son cerveau la conditionnera à adopter un comportement plutôt favorable à votre égard.

Certes, vous devez vous dire que tout cela semble logique. Cependant, il est indéniable que si l'approche en vue de la séduction avait été si claire pour vous, vous ne seriez certainement pas en train de lire ce livre. Ainsi, cher lecteur, je vous invite à poursuivre attentivement le raisonnement.

Le Système de Récompense se compose de trois éléments :

-   La première composante est affective et correspond au plaisir suscité par la Récompense, ce qui nous intéresse particulièrement dans l'immédiat.
-   La deuxième composante est la motivation à obtenir la récompense. On l'appelle la composante motivationnelle.

103

- Enfin, il y a la composante cognitive. Je n'en dirai pas plus à ce stade, car nous nous concentrerons principalement sur les deux premières.

IMPORTANT !

Il importe que vous appreniez à éviter que la personne que vous abordez n'ait envie de se donner la mort en vous écoutant. C'est pourquoi, dans vos interactions, laissez entrevoir la possibilité d'une récompense, même symbolique. Cela rendra vos propos plus intéressants et encouragera votre belle à être davantage disposée à entendre votre thèse sur sa fraîcheur. Ne vous précipitez donc pas. Car à présent, vous savez que vous serez gagnant si vous parvenez à susciter son intérêt. Quels types de propos peuvent susciter l'intérêt d'une femme, au moins suffisamment pour qu'elle vous donne l'opportunité de développer votre argumentaire ? Car vous n'allez ni distribuer des billets de banque (matériels), ni exhiber ostensiblement des signes extérieurs de votre solvabilité (quoique)... Enfin, voici la troisième grande catégorie de personnes qui tentent d'interagir avec des passants sans les connaître : ceux qui ont besoin d'informations. Ce sont des individus tels que des touristes, qui viendront vous demander leur chemin, l'heure ou même la bonne ligne de tramway à prendre pour se rendre à tel endroit. En général, vous prenez parti pour ces personnes et faites de votre mieux pour les aider. Mais en fin de compte, pourquoi donc ? À la manière de Jawad Bendaoud, de manière tout à fait naïve, pour rendre service ?

L'altruisme et la générosité ont de nombreux effets positifs sur la santé mentale, voire physique, de ceux qui les manifestent. On pourrait dire que qui sème l'altruisme récolte l'ocytocine. Cette hormone de l'amour, emplie de promesses, couronne la magie des relations interpersonnelles et donne à presque n'importe qui (à condition qu'il ou elle ait le temps) l'envie de montrer qu'il sait, qu'il peut vous renseigner, qu'il n'est pas en reste lorsqu'il s'agit de résoudre la moindre énigme. Ainsi se dessine une approche fort simple lorsqu'il s'agit d'aborder une inconnue dans l'espace public. Nous y sommes enfin parvenus !

Si vous agissez avec finesse, agir en votre faveur aura pour avantage de lui offrir comme récompense un soupçon d'estime de soi (une nécessité commune à tous) et de satisfaire son désir de domination. Demandez-lui où, quand et comment. Elle se fera un plaisir de vous montrer, de vous expliquer, de vous le dire à vous, ce petit garçon perdu dans la nature, ouvrant ainsi les vannes qui plongeront bientôt son cerveau dans un océan d'ocytocine. Cependant, ne lui demandez pas de vous énoncer la Conjecture de Poincaré... Blague à part, évitez également de lui demander l'emplacement de la décharge publique. Vous saisissez mon propos, n'est-ce pas ? Et si vous lui demandiez plutôt l'adresse d'un lieu chic ? D'un musée d'art contemporain ou d'un restaurant...

Quel serait l'objectif de cette démarche ? Lui permettre de se sentir valorisée en l'associant indirectement à un lieu "prestigieux".

Et en quoi consiste la récompense dans tout cela ?

Une affirmation subtile mais certaine de sa confiance en elle (de manière symbolique).

Sachez tout de même que tout dépend des situations, des lieux où vous vous trouvez et du type de femme que vous courtisez. Quoi qu'il en soit, dans cet exemple précis, en plus de la récompense, au cours de cet échange aboutissant à l'obtention d'informations de sa part, naîtra inconsciemment un sentiment d'empathie à votre égard...

Vous étiez autrefois négligé par les femmes à distance ?

Dorénavant, vous savez obtenir des réponses qui, la plupart du temps, seront positives une fois que vous aurez réussi à faire une bonne première impression.

Palier 1 : soigner la forme

Palier 2 : sur le fond des choses

<u>Palier 3 : le but</u>

COMMENT OBTENIR LE NUMERO DE TÉLÉPHONE D'UNE FEMME EN DIMINUANT CONSIDÉRABLEMENT LES CHANCES DE PRENDRE UN VILAIN RÂTEAU À LA FIN ?

Pourquoi les hommes ne viennent-ils pas nous demander notre numéro ?

On pue, on fait peur, on a l'air en couple ou désespérée ?

Le journal des femmes, article du 15/07/2019

Si vous désirez tenter d'obtenir le numéro de téléphone d'une femme, sachez qu'elle ne vous le donnera pas sans qu'il y ait quelque chose en échange. Et cet échange ne saurait être motivé par le désir de gagner le triste titre de "salope qui couche avec tout le monde". Il y a donc peu de chances que madame se prenne pour n'importe qui, d'autant plus que d'autres hommes, tout comme vous, ont déjà dû lui offrir leurs services, voire lui raconter des histoires mensongères.

Mais vous, vous êtes différent ! Il est maintenant temps pour vous de vous démarquer... Je me rappelle avoir lu une enquête sur les métiers qui engendrent le plus de solitude, où le trophée du célibat avait été décerné aux professionnels de la boulangerie... Apparemment, 42,5 % d'entre eux seraient célibataires.

On savait les boulangers dans le pétrin, mais quand même (émoticône qui pleure, ndlr)…

Et bien prenons ce profil en exemple…

Chocolatine ou pain au chocolat ?

Vous êtes un boulanger... Un boulanger séduisant. Un boulanger qui incarne l'élégance ! Vous imaginez être invité à un déjeuner ou à un apéritif chez des amies. Vous portez un simple costume droit en laine vierge, d'un bleu nuit ou d'un gris anthracite. Vos souliers en cuir, d'origine anglaise, arborent une teinte chocolat et des bouts fleuris. Vous avez choisi une chemise en coton, une belle chemise. Optez pour un ton bleu ciel, avec un col italien. Vous pouvez vous passer de cravate, ce qui vous permettra de déboutonner jusqu'à trois boutons (en fonction de votre allure)... en toute décontraction. Vous avez entrepris une Approche Progressive.
Bien entendu, cette approche a eu un effet saisissant. L'ambiance est à la fois sobre et feutrée. Vous êtes assis sur une banquette trois places de style Louis XVI, d'une couleur lin, à côté de la jeune femme avec qui vous avez échangé quelques banalités. Et c'est à cet instant qu'elle vous demande...

« MAIS QU'EST-CE QUE TU FAIS DANS LA VIE ?? »

Nous y voilà ! Voici LA question à laquelle vous devez être prêt à répondre sans broncher. Peut-être avez-vous l'intention de me faire comprendre que boulanger n'est pas le métier le plus glamour, mais que voulez-vous dire alors ? Que vous êtes un footballeur professionnel, une star du cinéma à Hollywood ou un ingénieur en intelligence artificielle dans la Silicon Valley ? Être boulanger, c'est tout à fait respectable ! Rien que le fait que la femme se demande ce que vous faites dans la vie signifie qu'elle s'intéresse un tant soit peu à votre présence.

Alors, que répondrais-je à la place de notre valeureux boulanger ?

— Je suis boulanger ! (quand on peut faire simple, pourquoi faire compliqué ?)

— Ah bon ? dit-elle, surprise. Dubitative ?…

— Oui oui absolument… réponds-je.

— Je fais les meilleurs croissants et je procure du bonheur aux gens chaque matin.

— C'est cool ça ! fera-t-elle, enjouée…

Voyez-vous !? C'est ce genre de situation que vous êtes désormais capable de créer. Enfin, nous avons encore du travail devant nous, et à ce stade, tentons d'obtenir un OUI (en respectant bien entendu le consentement d'autrui). C'est très simple ! Demandez-lui si elle aime les croissants. Il y a de fortes chances qu'elle réponde OUI. Et si elle dit NON, demandez-lui simplement ce qu'elle préfère. Si c'est le pain au chocolat, dites-lui que le vôtre a quelque chose de spécial et qu'elle ferait bien de le goûter un jour.

Ainsi, vous saurez concrètement ce qu'elle en pense, son avis pourrait vous permettre d'améliorer votre recette et de rendre vos chocolatines encore plus délicieuses. Une belle discussion sur la nourriture s'engage... pour un boulanger, c'est tout à fait approprié, n'est-ce pas ? Et en apothéose de votre échange, écrivez-lui sur un morceau de papier l'adresse de votre boulangerie et votre numéro.

Proposez-lui de passer vous voir, pour que vous puissiez lui offrir, lui faire goûter vos exquises viennoiseries (Récompense). Surtout, demandez-lui de vous appeler pour vous prévenir de sa visite, et justement, pour cela, vous aurez besoin de son numéro afin de l'enregistrer. *En tant que boulanger, nous recevons un tas d'appels de démarcheurs en tout genre, et il serait fort regrettable de recevoir votre appel sans pouvoir l'identifier, n'est-ce pas ?*

Cher lecteur, retenez bien ceci : à chaque problème que vous rencontrez, une solution existe. Bien sûr, l'exemple que je viens de donner est simple, mais je vous assure qu'il y a une multitude de choses que l'on peut faire dans de nombreuses situations, aussi complexes qu'elles puissent vous paraître. S'il vous plaît, retenez également ceci :

En matière de Séduction, il n'y a pas de techniques, seulement des comportements.
Et dans cette optique, l'Approche Progressive n'est pas une simple technique, mais une véritable caractéristique.

Floirac, mars-avril 2020.

Post-Scriptum

Vous réalisez désormais qu'il n'est pas si ardu d'atteindre ses objectifs, à condition de ne pas se compliquer la tâche. Surtout, comme je l'ai déjà mentionné, l'état particulier dans lequel vos hormones vous plongent en de telles occasions vous soumet à la contre-intuitivité. Vous agissez alors de manière imprévisible, nuisant finalement à vous-même. Votre cœur bat la chamade, vous vous posez des questions qui ne font qu'accroître votre malaise, et dans cet état, vous risqueriez de vous jeter dans n'importe quelles eaux, avec les résultats que l'on connaît. Si parfois vous faites exception à la règle, c'est en réalité que, à votre insu, les conditions étaient réunies pour vous garantir un minimum de succès. Tant mieux. Mais ne l'envisagez pas comme un acquis. Considérer le fait de se jeter à l'eau comme une qualité est une erreur, car du point de vue de la pure physique, tout le monde peut sauter d'un plongeoir de dix mètres... Cependant, tout le monde ne peut pas réaliser la performance digne d'un plongeur olympique de renom tel que Greg Louganis. Le danger réside dans la surestimation, voire la sacralisation excessive de la Séduction en tant que telle. C'est ce qui pétrifie, inhibe et enferme trop de personnes de qualité comme vous, dans ce que j'appelle

le complexe de Don Juan,

ou « Théorème du 'trop belle pour toi' », un phénomène qui se manifeste par le sentiment que de nombreux hommes éprouvent, à savoir qu'ils doivent être capables de réaliser le scénario de séduction parfait pour conquérir une femme. Cela entraîne une frustration, car ils ne se sentent pas à la hauteur de la situation. Ce sentiment est à l'origine d'un blocage fondamental qui les empêche de faire le premier pas. Ainsi, le sujet devient un générateur de justifications échappatoires, agissant comme un système de défense pour pallier les conséquences d'une tentative manquée.

Quand, subitement, vous vous trouvez face à une femme qui éveille en vous un grand intérêt, vous vous sentez pris d'urgence ! Pourquoi ? Parce que cette situation est rare, peut-être même inespérée, mais surtout imprévue. Vous n'êtes pas habitué à gérer ce genre d'événement dans votre quotidien, et cela vous prend au dépourvu, au point que vos pensées se bousculent...

L'imprévu, par nature, est imprévisible, mais il est déjà une grande force de reconnaître que vous ne pouvez pas le prévoir avec certitude. À cet égard, prenez le contrôle de la situation et, plutôt que de subir les affres du désarroi, placez-vous consciemment dans les meilleures dispositions possibles pour ne plus être pris au dépourvu de manière excessive. Préparez votre stratégie à l'avance, prête à être mise en œuvre. Dans ce sens, mettez-la à l'épreuve (sans forcer) aussi souvent que possible, et observez à la fois la réaction de l'autre personne, mais surtout, comment vous pouvez vous en écarter sans que cela ne vous empêche d'atteindre votre objectif. C'est précisément pour cela que vous avez fait l'acquisition de ce livre.

« Comment Séduire une Femme sans passer pour un Gros Lourd ». En voilà et tout à fait atteignable grâce à une stratégie simple : « L'Approche Progressive » en trois phases. Vous pouvez désormais séduire sans forcer et devenir un séducteur hors pair. Cependant, pour développer votre charme, il est essentiel d'être constamment dans un état de séduction. Soyez aimable et discret avec toutes les femmes que vous rencontrez, qu'elles soient sans domicile fixe, caissières ou directrices de banque. Efforcez-vous d'avoir un mot agréable pour chacune d'entre elles. Posez-vous la question de ce qui pourrait rendre leur journée plus agréable et de ce dont elles ont besoin pour se sentir bien dans leur peau. Pour beaucoup d'entre elles, cela peut simplement signifier les laisser tranquilles... Pensez aux femmes qui vous sont chères, qu'il s'agisse de membres de votre famille ou d'amies proches, et réfléchissez à la manière dont vous aimeriez qu'un homme les aborde. Imaginez si c'était votre sœur ou même votre mère...

Quelle serait la manière la moins dégradante de les approcher dans la rue ou ailleurs ?
En leur réservant le sort de Marie Laguerre ?

En leur disant qu'elles sont bonnes et qu'on aimerait bien les prendre en levrette ces grosses cochonnes ?

Donnez-moi seulement le nom d'une personne ayant réussi à séduire qui que ce soit ainsi. Plus vous serez en relation avec des femmes de milieux divers, dans des contextes variés, plus il y aura de probabilités qu'une d'entre elles soit favorable à vos entreprises. Et c'est dans cette situation que vous devrez avancer vos pions. Assurez-vous d'avoir toujours quelques coups d'avance, tel est le but de « L'Approche Progressive ». Ne subissez pas les événements, et ne vous retrouvez surtout pas humilié, à court d'arguments, à voir des castratrices partout où vous n'avez simplement pas été à la hauteur.

Reprenons l'exemple du boulanger : si, avant même tout échange, vous vous êtes convaincu que le métier de boulanger n'était pas le plus glamour, lorsque qu'une femme vous demandera innocemment ce que vous faites dans la vie, sa question sonnera à vos oreilles comme une sentence. Les femmes se plaignent souvent que les hommes, lors de leurs approches, proposent des choses peu satisfaisantes. Ils disent toujours la même chose ! Pas d'originalité !

Voilà pourquoi nous mériterions de subir autant de refus, mais elles... à part : « Qu'est-ce que tu fais dans la vie ? » Qu'ont-elles de plus exceptionnel à offrir que nous, sur le plan purement rhétorique ? Alors, cessez de vous complexer ! Cessez d'avoir l'impression de devoir vous justifier et assumez qui vous êtes. Car tout comme un millionnaire tel que Harvey Weinstein se fait éconduire, des femmes sont séduites par des smicards, voire des individus touchant les minimas sociaux, soyez-en assuré. Cependant, vos chances de partager une intimité avec Kendall Jenner sont minimes, car il vous sera extrêmement difficile d'atteindre son cercle proche en raison de votre statut socio-économique, à moins de devenir son boulanger pâtissier personnel. Ce qui vous permettrait de vous en rapprocher... et de donner un prestige certain à l'adage « Qui ne tente rien n'a rien ».

Maintenant que vous savez comment séduire une femme (sans passer pour un gros lourd), vous allez mécaniquement augmenter vos chances d'obtenir un premier contact que vous devrez transformer en rendez-vous galant.

C'est donc là que va se profiler une autre étape importante du processus pré-amoureux.

Cette autre étape, inclus cette première rencontre qui succédera les échanges initiaux que vous aurez eu à gérer, via messagerie électronique : sms, réseaux sociaux, etc. Mais surtout, via appels directs ; ces derniers pouvant s'avérer être un terrain relativement glissant… c'est pour cela que dans beaucoup de cas, et, dans un premier temps, les messages textuels sont à privilégier :

Comment passer des messages textes aux appels vocaux (sans tout gâcher) ?

Bars, restaurants, parcs, où et comment l'inviter ?

Comment s'y prendre pour ne pas se faire *friendzoner* ?

Tous ces sujets et bien d'autres seront à l'honneur dans **Comment Séduire une Femme sans passer pour un Gros Lourd** Tome 2…

seduiresansforcer.com

J'ai raté 9000 tirs dans ma carrière. J'ai perdu presque 300 matchs. 26 fois, on m'a fait confiance pour prendre le tir de la victoire et j'ai raté. J'ai échoué encore et encore dans ma vie. Et c'est pourquoi je réussis.

Michael Jordan

Si vous allez au contact vous perdez 90% du temps. Évitez le contact. Soyez plus rapide et plus intelligent.

Pep Guardiola

Du même auteur

Comment Séduire une Femme sans passer pour un
Gros Lourd - Tome 1, 2020 © Zola Ntondo

Onze Réflexions sur la Façon d'aborder les Femmes,
2022 © Zola Ntondo

Paranomases : figures de style, 2022 © Zola Ntondo

L'art de l'amour : Chapitres I - XXIII, 2022 © Zola
Ntondo

Comment Séduire une Femme sans passer pour un
Gros Lourd - Tome 2, 2023 © Zola Ntondo